BMW

BMW
BING

BMW

Don Morley
Mick Woollett

HEEL

IMPRESSUM

HEEL-Verlag GmbH
Wintermühlenhof
53639 Königswinter
Telefon 0 22 23/92 30-0
Telefax 0 22 23/92 30-26

Für die Originalausgabe:
Erstveröffentlichung: 1992 by
Osprey Publishing, vertreten
durch Reed Consumer Books Ltd.,
Michelin House, 81 Fulham Road,
London SW3 6RB
England

Verantwortlich für den Inhalt:
Don Morley, Mick Woollett

Design: Angela Posen

Übersetzung:
Walther Wuttke, Bad Honnef

Umschlaggestaltung:
Olaf Schumacher, Bonn

Satz (Fremddatenübernahme):
Fotosatz Hoffmann, Hennef

Druck:
Lorenz Ellwanger, Bayreuth

Für die deutsche Ausgabe:

ISBN 3-89365-402-X

Halber Titel
R80/7 mit 800 ccm, serienmäßigen Speichenrädern und Scheinwerfer-Verkleidung.

Rechts:
Eines der angenehmsten Boxer-Modelle: die R75/5 aus den frühen siebziger Jahren.

Inhalt

Ein fliegender Start

Es ist müßig, darüber nachzudenken. Doch wenn Deutschland den Ersten Weltkrieg gewonnen hätte, wäre dann jemals ein BMW-Motorrad gebaut worden? Wahrscheinlich nicht, denn dann hätte sich das Unternehmen weiterhin auf den Bau von Flugmotoren konzentriert. Doch das war im Vertrag von Versailles verboten worden.

Es dauerte freilich noch einige Zeit, bis die Bayern die motorisierten Zweiräder als Alternative entdeckten. Zunächst verlegten sie sich auf die Produktion von landwirtschaftlichen Maschinen, Büromöbeln, Werkzeugkisten, Bremssystemen und Vierzylindermotoren für Boote, stationären Gebrauch oder Lastwagen.

Der Stammbaum der Bayerischen Motoren Werke läßt sich bis zu Nikolaus Otto, dem Erfinder des nach ihm benannten Motors zurückverfolgen. Sein Sohn Gustav gründete 1911 die Gustav Otto Flugmaschinenfabrik in München, die 1917 mit den Bayerischen Flugzeugwerken (BFW) fusionierte und sich nun BMW nannte. Chefentwickler bei BFW war damals Max Friz. Der erste BMW-Motor war ein ohc-Sechszylinder, der viel Lob erhielt, unter anderem auch von Baron von Richthofen. Der berühmte „rote Baron", der während des Ersten Weltkriegs 83 feindliche Flugzeuge abschoß, lobte den Motor nach ersten Tests. In seiner Albatros-Maschine waren wahrscheinlich schon erste Exemplare eingebaut. Als er jedoch im April 1918 abgeschossen wurde, saß er in einer Fokker mit einem Sternmotor aus Oberursel.

Daß BMW trotz des späten Starts im Vergleich zu Daimler, Benz und Maybach hervorragende Motoren baute, zeigte auch der Höhenrekord einer mit BMW-Motor ausgerüsteten Albatros bei militärischen Tests 1918. Die Maschine erreichte 11 295 Meter.

Die Suche nach Höhenrekorden war fast eine Manie bei BMW. Im Sommer 1919 erreichte Franz Diemer in einem DFV-Doppeldecker mit BMW-Motor (19 Liter Hubraum, 250 PS) einen offiziellen Höhenrekord von gut 10 000 Metern. Das war zwar weniger als 1918 – dafür aber unter offizieller Beobachtung.

Die Alliierten waren weniger begeistert, schließlich waren solche Aktivitäten nach dem Versailler Vertrag verboten. Sie beschlagnahmten den Motor und machten BMW unmißverständlich klar, sich auf

Eine 1913 gebaute englische ABC mit gegenüberliegenden Zylindern, die BMW als Vorbild diente.

The CLASSIC MotorCycle
002
NOW MONTHLY
ABC
8714 MN

Oben:
Tausende der 2,75 PS starken Douglas-Modelle, die diesem 1914 entstandenen Modell ähnelten, wurden für die alliierten Armeen des Ersten Weltkriegs gebaut.

Gegenüberliegende Seite oben:
Das Markenzeichen von BMW erinnert an einen rotierenden Propeller.

Gegenüberliegende Seite unten:
Bereits vor 1914 baute FN in Belgien Motorräder mit Kardanantrieb.

erdgebundene Aktivitäten zu beschränken. Dies beschleunigte die Hinwendung zu motorisierten Zweirädern. Das erste, wenig erfolgreiche Ergebnis war eine kleine Einzylindermaschine mit 148-ccm-Zweitaktmotor. Entwickelt worden war das Motorrad von Curt Hanfland und wurde von Kurier gebaut. Die „Flink“ wurde von 1920 bis 1922 angeboten.

Doch da arbeiteten die Entwicklungsingenieure bereits an einer Twin-Maschine, deren Technik sich am britischen Douglas-Motorrad anlehnte, das im Krieg seine Zuverlässigkeit unter Beweis gestellt hatte. Die Douglas war damals den Konstruktionen auf dem Kontinent weit voraus.

Die neue Entwicklung trug die Nummer M2B15, und wie beim britischen Vorbild saßen die beiden Zylinder parallel zum Rahmen mit kettengetriebenem Getriebe. Bohrung und Hub betrugen 68 × 68 mm, was einen Hubraum von 498 ccm ergab. Die Leistung lag bei bescheidenen 6 PS, doch seine gute Verarbeitung veranlaßte einige Hersteller, ihn zu kaufen, um ihre Motorräder damit anzutreiben. Dazu gehörten Victoria, Corona, Heller, Scheid, Heninger, SMW und Bison.

Dies war der erste Motorrad-Motor, der das berühmte BMW-Markenzeichen, das an einen rotierenden Propeller erinnern soll, trug. Nachdem die ersten Motoren an andere Hersteller ausgeliefert worden waren, entschloß sich BMW 1922, ein eigenes Motorrad zu bauen. Das Modell hieß Helios, war mit der M2B15-Maschine ausgerüstet und hatte einen von BMW gebauten, aber nicht entwickelten Rahmen.

Es war nicht gerade ein erfolgreiches Experiment. Die Helios war kein gutes Motorrad, und Motorentwickler Max Friz war wenig beeindruckt. Obwohl selbst kein Motorradfahrer, erkannte er die Fehler der Helios und begann, assistiert von Martin Stolle, mit der Entwicklung des ersten echten BMW-Motorrads der R32.

Im Interesse einer besseren Kühlung drehte er den Motor um 90 Grad, so daß die beiden Zylinder links und rechts herausragten. Das Getriebe wurde, um den Kettenantrieb auszuschalten, direkt mit dem Motor verbunden und bildete wie bei den Automobilen eine Einheit. Und wie im Automobilbau sorgte eine Einscheiben-Trockenkupplung für die Kraftübertragung.

Der Antrieb erfolgte über eine Kardanwelle. Dieses Design hatte nichts Revolutionäres an sich. Einen quer eingebauten Boxermotor (Hubraum 398 ccm) hatte es schon 1919 bei der britischen ABC gegeben, und 1904 wurde die belgische FN über eine Kardanwelle angetrieben. Doch zum ersten Mal wurden diese technischen Lösungen zusammengefaßt.

Der Motor behielt Hub und Bohrung (68 × 68 mm) der ersten Entwicklung, leistete nun aber 8,5 PS bei 3300 Umdrehungen. Dies ergab eine Höchstgeschwindigkeit von 88 km/h und, was noch wichtiger war, eine Dauergeschwindigkeit von 64 km/h.

Die R32 hatte nicht nur einen neuen Motor, auch der Rahmen war eine Neukonstruktion. Der mickrige Rohrrahmen, in die der M2B15 eingebaut worden war, wurde durch einen soliden Doppelschleifen-Rohrrahmen ersetzt. Zwei üppig dimensionierte Rohre führten vom Lenkkopf unter den Motor zum Hinterrad und dann über den Tank wieder zurück zum Lenkkopf. Damit war das Modell zwar stabil, aber mit 264 Pfund auch ziemlich schwer.

Auch die Vordergabel war neu. Das Rad wurde von einer kurzen Schwinge geführt, deren Bewegung durch eine Blattfeder im Zaum gehalten wurde. Die Blattfeder saß oberhalb des Schutzblechs. Nur in der Abteilung Bremsen nutzten Friz und Stolle nicht die modernste Technologie. Sie verließen sich auf ein damals schon veraltetes V-Block-System hinten und verzichteten vorne zunächst ganz auf Bremsen. Erst die zweite Auflage der R32 bekam 1924 eine Frontbremse.

Die erste BMW war die Sensation des Pariser Automobilsalons, wo sie zum ersten Mal gezeigt wurde. Bis 1926 wurden 3090 R32 gebaut. Das ist, gemessen an heutigen Produktionszahlen, nicht viel, doch eine gute Leistung für ein kostspieliges Modell in den zwanziger Jahren. BMW war nun im Motorradgeschäft, und weitere Modelle sollten folgen.

Rennen und Rekorde

Nachdem die R32 vorgestellt und die Bedingungen des Versailler Vertrages etwas abgemildert worden waren, zog es Max Friz zu seiner eigentlichen Berufung, den Flugmotoren, zurück. Stolle verließ BMW in Richtung Nürnberg, wo er eine Stelle bei Victoria übernahm. Rudolph Schleicher, ein begeisterter Rennfahrer, übernahm die Entwicklungsabteilung bei BMW.

Eine Auswahl früher Rennmaschinen von BMW im Museum am Hockenheimring.

Sein erstes Projekt war die Entwicklung der sportlichen R37. Die behielt Bohrung und Hub (68 × 68 mm) der Douglas, doch die leistungshemmenden seitengesteuerten Ventile wurden durch stoßstangengesteuerte obenhängende Ventile abgelöst. Neu war auch der Alu-

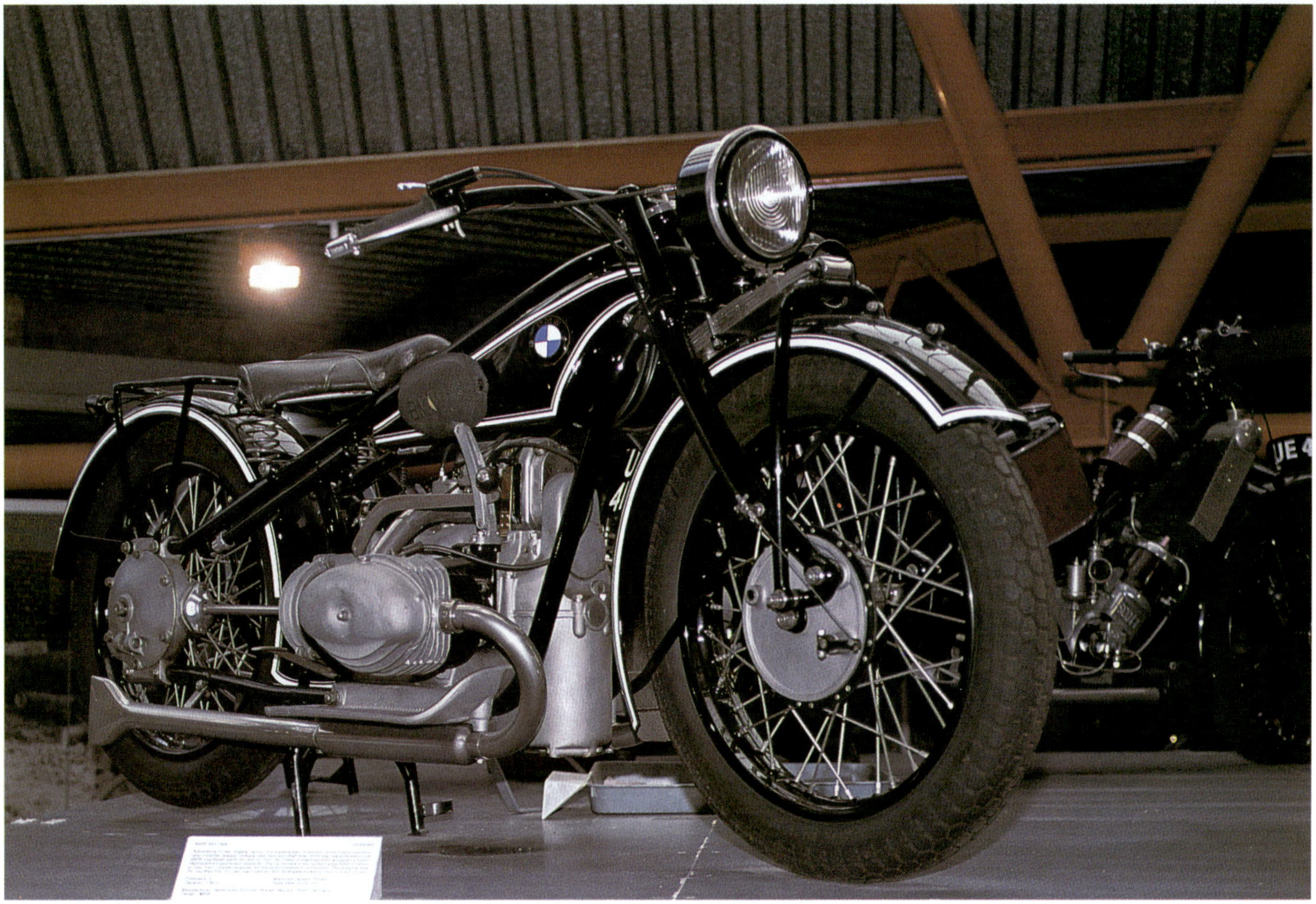

Zylinderkopf. Zum ersten Mal hatte ein Motorrad einen Zylinderkopf aus Leichtmetall mit hängenden, staubdicht in Öl gekapselten Ventilen. Die Zylinder selbst bestanden aus Stahl.

Die obenhängende Ventile, zusammen mit einer höheren Verdichtung, verdoppelten die Leistung auf 16 PS bei 4000 Umdrehungen, was der 295 Pfund schweren Maschine zu einer Höchstgeschwindigkeit von 112 km/h verhalf. Werksfahrer Hans Bieber holte mit dem Prototypen 1924 die deutsche Straßenmeisterschaft, und 1925 stand die R37 neben der R32 bei den Händlern.

Viele Exemplare wurden von dem teuren Prestige-Modell allerdings nicht verkauft. Ganze 152 Stück wurden in zwei Jahren gebaut – einschließlich zehn speziell aufgebauter Modelle, die an ausgewählte Renn- und Geländefahrer verkauft wurden. Mit einer Werksmaschine holte Schleicher 1926 bei den International Six Days in England eine

Oben:
Eine heute außerordentlich seltene, von Ing. Max Friz entwickelte ohv-R63 mit 750 ccm aus dem Jahre 1928, die damals schon 104 km/h schnell war.

Nächste Seite:
Die seitengesteuerte R52 mit 482 ccm war 1928 ihren Konkurrenten um Jahre voraus.

BMW
DS 9811

Gegenüberliegende und folgende Seite:
Nach dem Fall der Berliner Mauer entdeckte Wallace Lambert diese unrestaurierte R52. Die britischen Zulassungsbehörden verlangten lediglich neue Reifen.

Goldmedaille. Er war damit der erste deutsche Fahrer, der bei dieser Veranstaltung in England Gold gewonnen hatte. Professor A. M. Low, eine damals respektierte Autorität und technischer Chef der veranstaltenden British Auto-Cycle Union schrieb: „Die interessanteste Maschine der Veranstaltung war zweifellos die deutsche BMW. Ein quer im Rahmen eingebauter Boxermotor mit staubdicht gekapselter Ventilsteuerung, Blockkonstruktion und Kardanantrieb. Auch nach den härtesten Prüfungen trat nirgendwo auch nur ein Tropfen Öl aus, die Maschine war besonders leise und das Motorrad schien noch große Leistungsreserven zu haben. Seine Technik ist den britischen Motorrädern weit voraus."

Zurück in der Heimat gewann die R37 1925 fast 100 Rennen, einschließlich der 500-ccm-Klasse beim deutschen Grand Prix, der damals allerdings noch nicht zu den international bedeutenden Rennen zählte. Im gleichen Jahr vergrößerte BMW die Modellpalette mit dem ersten Einzylinder-Modell. Der Zylinder stand aufrecht über dem Kurbelgehäuse und hatte einen Hubraum von 247 ccm (68 × 68 mm). Ansonsten wurden die Technikmerkmale der Boxer übernommen.

Die R39 war eigentlich eine halbe R37. Der Motor hatte ebenfalls obenhängende, stoßstangengesteuerte Ventile und leistete gesunde sechs PS, was damals für eine Viertelliter-Maschine viel war. Die Höchstgeschwindigkeit lag bei knapp 100 km/h und konnte durch Tuning noch gesteigert werden. Dann war sie ein hervorragendes Rennmotorrad. Josef Stelzer gewann mit einem solchen Modell 1925 die Viertelliter-Klasse der deutschen Straßenmeisterschaft.

Zu jener Zeit hatten alle Modelle vordere Trommelbremsen und eine Transmissionsbremse hinten. Sie wurde mit der Hacke betätigt und wirkte auf eine kleine auf der Antriebswelle plazierte Scheibe hinter dem Getriebe.

Die Produktion der R32 lief 1926 aus und wurde durch die R42 ersetzt. Die Nummernfolge mag etwas irritieren, doch bei BMW wurden auch die Motorräder nummeriert, die es nur bis zum Prototypen brachten. Zwischen R32 und R42 zum Beispiel erreichten nur vier Modelle die Serienproduktion.

Die neue Maschine war eine aktualisierte R32. Abnehmbare Alu-Zylinderköpfe lösten die alten aus einem Guß gefertigten Zylinder und -köpfe ab, und die Leistung war nun auf zwölf PS bei 3400 Umdrehungen gestiegen. Um Platz für die vordere Trommelbremse zu schaffen, wanderte die Tachowelle ins Getriebe. Während der zweijährigen Produktionszeit wurden 6502 Exemplare gebaut.

Im Jahre 1927 ersetzte die R47 die R39 mit kopfgesteuerten Ventilen und die Leistung wuchs von 16 auf 18 PS. Im Gegensatz zur R39 war die R47 ein „richtiges" Serienmotorrad, von dem innerhalb zweier Jahre 1720 Exemplare gebaut wurden.

DS 9811

Rechts:
Kein anderer Hersteller wagt es, im Motor-/Getriebegehäuse ein Werkzeugfach vorzusehen. Die Werkzeuge werden so zwar heiß – aber wann braucht man sie schon?

Beide Modelle wurden 1928 aktualisiert. Die R52 ersetzte die R42 und die R57 löste die R47 ab. Die Motoren blieben so gut wie unverändert, dafür waren die Getriebe überarbeitet worden. Die Gänge wurden noch immer von Hand geschaltet, obwohl die Fußschaltung in Großbritannien zum Beispiel schon weit verbreitet war. Die Auspuffrohre nahmen nun die ganze Länge zwischen Motor und hinterem Schutzblech ein, und die Größe der vorderen Bremsen wurde den gestiegenen Leistungen angepaßt.

Der nächste wichtige Schritt bei BMW war 1928 die Einführung von zwei größeren Motoren, um die Modellpalette nach oben abzurunden. Bereits 1926 war die Produktion der R39 mit 250 ccm eingestellt worden. Erst 1931 sollte wieder eine neue leichtgewichtige Maschine vorgestellt werden. Die neuen Modelle waren die R62 mit einem seitengesteuerten 745 ccm (78 × 78 mm) großen Motor und die sportliche R63 mit einem Hubraum von 735 ccm (83 × 68 mm). Der seitengesteuerte Motor produzierte 18 PS bei 3400 Umdrehungen, während es der Langhuber mit obenhängenden Ventilen auf 24 PS bei 4000 Umdrehungen brachte. Das ergab eine Höchstgeschwindigkeit von knapp 130 km/h.

Es sollte dem sportlichen Motor mit 735 ccm Hubraum beschieden sein, für BMW internationalen Ruhm einzufahren. In jenen Tagen machten Geschwindigkeitsrekorde zu Wasser, zu Lande und in der Luft Schlagzeilen, und die Männer, die sie erzielten, waren die Helden der Gesellschaft. Bei BMW übernahm ein kleiner, schüchterner Fahrer aus München diese Rolle. Ernst Henne war ein erfolgreicher Renn- und Geländefahrer auf BMW-Werksmaschinen und hatte bereits 1926 und 1928 die Targa Florio auf Sizilien gewonnen.

Er war schon seit längerer Zeit an Rekordfahrten interessiert. Als er und seine Braut während ihrer Hochzeitsreise in Paris Station machten, waren die Zeitungen voll von Berichten über das Duell der beiden englischen Rennfahrer Oliver Baldwin und Bert Le Vack, die auf einer schnurgeraden Route Nationale bei Arpajon in der Nähe der französischen Hauptstadt mit ihren 1000-ccm-JAP-Maschinen (J A Prestwich) versuchten, den Geschwindigkeitsrekord für Motorräder zu verbessern. Die beiden hatten Motorräder mit speziell vorbereiteten Rahmen. Le Vack siegte schließlich mit seiner V-Twin und erzielte für den fliegenden Kilometer 206 und für die Meile 205 km/h.

Henne war überzeugt, daß er diese Bestmarken mit der kurzhubigen 735-ccm-Maschine verbessern könne. Das Werk hatte schon einige Erfahrungen mit aufgeladenen Motoren gemacht, und so wurde ein Zoller-Kompressor über dem Getriebe montiert, der die Leistung von 36 auf mehr als 70 PS anhob. Als Rekordstrecke wurde eine gerade, aber enge und baumbestandene Straße zwischen München und Ingolstadt ausgewählt.

Der Kardanantrieb der R52. Eine einfache und saubere Ingenieursarbeit.

BMW
DS

Im September 1929 war das Motorrad fertig. Henne, der auf jedes Detail achtete, trug einen stromlinienförmigen Helm und einen „Bürzel“ am Allerwertesten, um möglichst wenig Luftwiderstand zu erzeugen. Das Motorrad selbst war niedrig und leicht, hatte aber keine Verkleidung. Henne brach den Meilenrekord mit 215,4 km/h und die Bestmarke für den Kilometer mit 215,6 km/h, wobei der Kilometer-Rekord von der Fédération Internationale Motocycliste (FIM) nicht anerkannt wurde, weil er nach der Fahrt über die Meile aufgestellt worden war. Also kehrte Henne ein paar Tage später noch einmal zurück und verlor bei dieser Fahrt beinahe sein Leben. Bei gut 200 km/h sprang die Vorderradachse aus einer der beiden Halterungen. Irgendwie schaffte er es dennoch, die Maschine ohne Unfall zum Stillstand zu bringen.

Oben:
Weil sie so schön ist: noch einmal Wallace Lamberts Maschine.

Links:
Eine Blattfeder übernahm die vordere Federung.

303
BMW
303

DER HERAUSFORDERER

Während Henne durch die Schlagzeilen der Weltpresse raste, brachte das Werk die neuen R11 und R16 mit 750 ccm auf den Markt. Die beiden Modelle waren bereits im November 1928 auf der Londoner Motorrad-Messe gezeigt worden, gingen aber erst Ende 1929 in Produktion.

Sie hatten eine ganz andere Optik als ihre Vorgängermodelle R62 und R63. Der Doppelschleifen-Rohrrahmen war von einem stabilen gepreßten Stahlrahmen abgelöst worden, der aus einem nicht mehr ganz nachvollziehbaren Grund „Star"-Rahmen hieß.

Stabil war er gewiß, doch ästhetisch war er ganz und gar nicht, was die Absatzchancen der Motorräder außerhalb Deutschlands nicht verbesserte. Er ließ die neuen Modelle ziemlich schwerfällig aussehen. Das ursprüngliche Layout wurde beibehalten. Die beiden Preßstahlprofile waren mittels Querträgern verbunden. Die Vordergabel wurde ebenfalls aus gepreßtem Stahl gefertigt und zeigte eine Art Schwingenkonstruktion mit Blattfeder.

Die Motoren blieben praktisch unverändert. Die R11 wurde von einem seitengesteuerten Aggregat mit 745 ccm angetrieben, das 18 PS bei 3400 Umdrehungen leistete. Die sportliche R16 hatte den Langhuber mit 735 ccm und 25 PS bei 4000 Umdrehungen als Antrieb. Die Kraftübertragung übernahm ein handgeschaltetes Dreiganggetriebe. BMW bot zu jener Zeit keinen Gasdrehgriff an. Der sollte erst 1930 bei den Modellen der Serie 11 kommen.

Bis Ende 1929 waren 22 000 Boxermaschinen verkauft worden, und dem Werk ging es entsprechend gut. Zusätzlich zu den Motorrädern hatte sich BMW in die Welt der Automobile gewagt und zunächst den Austin 7 in Lizenz als Dixi gebaut. Dem sollten noch zahlreiche eigene Entwicklungen folgen. Auch der Bau von Flugmotoren war wieder aufgenommen worden.

Dann kam der Wall-Street-Crash 1929, dem die Weltwirtschaftskrise folgte. Die Reichsregierung führte damals, um der Motorradindustrie zu helfen, eine Klasse kleiner Maschinen ein, für die kein Führerschein notwendig war und keine Steuer bezahlt werden mußte. BMW brachte daraufhin die R2 (das System der Typenbezeichnungen war nach der R63 völlig durcheinander geraten) heraus. Der Einzylinder mit hängenden Ventilen hatte 198 ccm (63 × 64 mm) und war samt Dreiganggetriebe in einem leichtgewichtigen Rahmen aus gepreßtem Stahl untergebracht. Die Leistung lag zunächst bei 6, später bei 8 PS bei 4500 Umdrehungen. Er verkaufte sich gut und wurde bis zu seiner Ablösung 1926 insgesamt 15 207 Mal gebaut.

Vorhergehende Seite:
Eine R5-Rennmaschine ohne Aufladung in den späten siebziger Jahren auf der kalifornischen Rennstrecke von Laguna Seca.

Die Weltwirtschaftskrise traf auch den Motorsport. Doch Henne gab nicht auf. Anfang 1930 erreichte er auf einem zugefrorenen See bei Östersund in Schweden 198 km/h für den fliegenden Kilometer. Die mit Spikes bewehrten Reifen konnten einen Unfall nicht verhindern. Im August 1930 taucht Joe Wright in Arpajon mit seiner mächtigen aufgeladenen OEC-Temple-Jap mit 1000 ccm auf und verbessert den Weltrekord auf 219 km/h. Henne antwortet mit 220 km/h im September, woraufhin Wright auf einer Straße in der Nähe von Cork in Irland 241 km/h erreicht.

Das Wettrennen geht weiter. Henne versucht es im österreichischen Neukirchen und verpaßt mit 236 km/h Wrights Rekord nur knapp, erzielt aber eine Bestleistung für Motorräder mit 750 ccm. Erst im November schlägt er Wrights Rekord. Im ungarischen Tat erreicht er eine Geschwindigkeit von 244 km/h. Im Oktober 1934 verbessert er seine Marke noch einmal im ungarischen Györ auf 244 km/h. Mit einer 500er stellt er auch einen Rekord für die Halbliter-Klasse mit 226 km/h auf. Von da an konzentrierte sich das Werk in seinen Motorsport-Aktivitäten auf die Halbliter-Klasse. Henne wurde noch einmal 1936 mit der 750er aktiv, als er 254 km/h erreichte. Mit der verkleideten 500er schaffte er 270 km/h. Danach verbesserte er den von Piero Taruffi mit einer Vierzylinder-Gilera aufgestellten Rekord (272 km/h) auf 277 km/h. Diese Marke sollte 17 Jahre lang Bestand haben.

Während Henne die Massen mit seinen Rekordfahrten beeindruckte, entwickelte das Werk ständig die Straßenmaschinen weiter. Die wichtigste Modifikation war die Montage zweier Fisher-Amal-Vergaser in die sportliche R16. Das ließ die Leistung von 25 auf 33 PS steigen. Doch der hohe Preis der Maschine stand ihrer Verbreitung entgegen. Nur 1106 Modelle wurden bis Ende 1934 produziert. Die wesentlich billigere, seitengesteuerte R11 brachte es auf 7500 Exemplare.

Hinter den Kulissen wurde bereits an einer neuen Rennmaschine gearbeitet. Und als Hitler die Macht übernahm, ermutigte er die deutschen Hersteller, sich stärker im Motorsport zu engagieren, um die Massen zu begeistern. BMW, DKW und NSU sollten dabei Schlüsselrollen übernehmen.

Die BMW-Ingenieure blieben dem Boxer-Layout treu, wählten aber Bohrung und Hub von 66 × 72 mm, was einen Hubraum von 492 ccm ergab, und ein fußgeschaltetes Vierganggetriebe. Das war zu jener Zeit bei der Mehrheit der Sportmaschinen Standard, wurde von BMW aber erst mit der Sport-R5 von 1936 eingeführt. Der Kompressor, bei früheren Wettbewerbsmodellen auf dem Getriebe montiert, saß nun vorne am Kurbelgehäuse. Die Ventilsteuerung war neu. Die Stoßstangen verschwanden und wurden durch einen Königswellenantrieb abgelöst.

Zwei Nockenwellen arbeiteten pro Zylinder, aber diese steuerten die Ventile mittels Kipphebeln, so daß der Motor dann doch kein richtiges

Doppelnockenwellen-Aggregat war. Diese Lösung wurde noch einmal bei den Rennsport-Maschinen der fünfziger Jahre verwendet. Dieser Motor, der in seinen frühen Versionen um die 55 PS leistete, saß in einem konventionellen Rohrrahmen, wobei es hinten keine Federung gab. Dafür wartete die vordere Aufhängung mit einer Überraschung auf: einer Teleskopgabel mit hydraulischer Dämpfung. Schon früher war mit Teleskopgabeln experimentiert worden, doch diese hatte zum ersten Mal eine hydraulische Dämpfung, die jene ruckartigen Bewegungen verhinderte, zu denen die Schraubenfedern neigen, wenn sie bei hohen Geschwindigkeiten gefordert werden.

Die neue Rennmaschine gab ihr Debüt 1935 auf der Berliner Avus. Sie begann ihre Laufbahn nicht gleich mit einem Sieg. Ludwig „Wiggerl" Kraus wurde Zweiter hinter der Werks-Husqvarna des Schweden

Die aufgeladenen Rennmaschinen der späten dreißiger Jahre hatten nur einen Vergaser.

Shell
12
Shell
9

Ragnar Sunnquist, der einen Durchschnitt von 171 km/h erreichte. Überraschenderweise trug eine leicht gezähmte Version das deutsche Trophy-Team bei den Six Days auf den ersten Platz. Ein Mitglied der Mannschaft war Georg „Schorsch" Meier, der noch eine glänzende Zukunft als Rennfahrer vor sich haben sollte.

Nach dem Avusrennen hat sich BMW offensichtlich ganz auf die Six Days konzentriert, denn das Werk nahm an keinem bedeutenden Rennen mehr teil. Bei der Saisoneröffnung 1936 in Hannover schickte BMW Karl Gall und Otto Ley mit neuen aufgeladenen Rennmaschinen ins Rennen, und in der deutschen Presse gab es sogar Gerüchte, daß BMW an der Tourist Trophy auf der Isle of Man teilnehmen wolle. Daraus wurde jedoch nichts. Bei den übrigen Rennen erwies sich die BMW als sehr schnelles, aber auch schwer zu fahrendes Motorrad.

Beim Schweizer Grand Prix gewann Jimmy Guthrie mit seiner Norton die Halbliter-Klasse mit einem Durchschnitt von 146 km/h vor der BMW von Ley und der DKW von Kurt Mansfeld. Guthrie siegte auch in der 500er-Klasse beim deutschen Grand Prix auf dem Sachsenring und bei der holländischen TT, wieder vor Ley, der dafür aber den Rundenrekord mit einem Durchschnitt von 146 km/h aufstellte. Die BMW war unbestritten die schnellste Halbliter, doch um siegen zu können, mußte ihr Fahrverhalten verbessert werden, damit die Piloten nicht bereits nach einigen Runden erschöpft waren.

Ende August 1936 gelang BMW beim schwedischen Grand Prix endlich der erste Sieg. Ley gewann vor Gall und Europameister Guthrie, dessen Norton zum ersten Mal seit 1935, als er bei der Tourist Trophy von Stanley Woods auf einer Guzzi besiegt worden war, geschlagen wurde. Ley erreichte einen Durchschnitt von 146 km/h und den Rundenrekord mit 149 km/h.

Die Lehren aus dem Sport fanden schnell ihren Niederschlag in der Serienproduktion. Schon 1935 bekamen die seitengesteuerte R11 mit 745 ccm und die sportliche ohv-R16 mit 35 PS Teleskopgabeln und hießen nun R12 und R17. Zum ersten Mal hatte ein Serienmotorrad eine Gabel mit hydraulischer Dämpfung. Die neuen Modelle hatten zwar auch ein Vierganggetriebe, das aber immer noch von Hand geschaltet werden mußte, was gar nicht zum Image der Maschinen paßte. Schließlich hatten andere Hersteller von Hochleistungsmotorrädern diese Lösung schon lange im Archiv abgelegt.

Georg „Schorsch" Meier startet sein aufgeladenes Rennmotorrad.

Härterer Wettbewerb

Um mit der Konkurrenz gleichzuziehen oder sie zu überholen (je nach Standpunkt), stellte BMW 1936 bei der Automobilausstellung in Berlin ein völlig neues Motorrad vor. Die R5 wurde von einem stark überarbeiteten Boxer-Zweizylinder mit einem Hubraum von 494 ccm (68 × 68 mm) angetrieben. Nur die technischen Abmessungen und die Ventilsteuerung mittels Stoßstangen waren vom Vorgängermodell übernommen worden, ansonsten war alles neu. Um hohe Drehzahlen und eine bessere PS-Leistung zu erreichen, waren die Ventile leichter und kürzer und wurden von zwei Nockenwellen angetrieben, anstatt wie bisher von einer zentral angeordneten.

Auf dieser aufgeladenen Maschine gewann Georg Meier 1939 die Tourist Trophy auf der Isle of Man.

Die 1939 erfolgreiche Maschine – diesmal von der anderen Seite.

Die Zylinderköpfe waren aus Aluminium gefertigt, und die neuen Haarnadel-Ventilfedern stammten von den Rennmaschinen. Der Motor leistete 24 PS bei 5800 Umdrehungen. Um Platz für das Vierganggetriebe zu schaffen, wurden die seit 1923 montierten Trittbretter durch Fußrasten abgelöst. Auch der umstrittene Rahmen aus gepreßtem Stahl verschwand und machte einer modernisierten Version des traditionellen Doppelschleifen-Rohrrahmens Platz, wobei die Verbindungen nun geschweißt und nicht mehr hartgelötet waren.

Die Teleskopgabel mit einem Federweg von zehn Zentimetern wurde montiert, doch noch immer gab es keine Hinterradfederung. Auf die mußten sogar die aufgeladenen Werksmaschinen verzichten. Die Dämpfung der Gabel konnte vom Fahrer eingestellt werden.

Der R5 folgte 1937 die erste 600er des Hauses, die R6. Sie war vor allem für den ständig an Bedeutung gewinnenden Gespann-Markt gedacht. Damals wurde ein Viertel aller Motorräder mit einem Seitenwagen verbunden. So entstand ein preiswertes Transportmittel für die Familie. Der seitengesteuerte Motor hatte einen Hubraum von 596 ccm (70 × 78 mm) und leistete 18 PS bei 4000 Umdrehungen. Wichtiger als die Leistung war jedoch das breite Drehmomentband.

Außer der Motorgröße entsprach die R6 der R5 – einschließlich des Vierganggetriebes mit Fußschaltung, Rahmen und Teleskopgabel. Zwei neue Einzylinder-Modelle kamen 1937 ebenfalls auf den Markt. Zunächst die R20 (192 ccm, 60 × 68 mm) mit Rohrrahmen und einer preiswerten Version der Teleskopgabel. Später gesellte sich noch die R35 mit 342 ccm (72 × 84 mm) dazu. Sie war vor allem für die Wehrmacht entwickelt worden und löste die von 1932 bis 1937 gebaute R4 mit 398 ccm ab. Sie hatte ein Vierganggetriebe, eine abgespeckte Version der Teleskopgabel und einen Rahmen aus gepreßtem Stahl. Mehr als 30 000 Exemplare der R4 und R35 wurden produziert.

Fünf neue Modelle standen im Februar 1938 auf dem BMW-Stand bei der Berliner Automobilausstellung. Vier von ihnen hatten die hintere Geradewegfederung, die für die Rennmaschinen ein Jahr zuvor entwickelt worden war. Das Spitzenmodell war nun die R66, die überraschenderweise nicht aus der R5 heraus entwickelt worden war und nur die Ventilfedern mit ihr gemeinsam hatte. Bohrung und Hub (70 × 78 mm) waren identisch, aber der Motor leistete statt 18 nun beeindruckende 30 PS bei 5300 Umdrehungen, was eine Höchstgeschwindigkeit von 144 km/h für die Solo- und 112 km/h für die Gespannmaschine ergab.

Die Sport-R5 wurde von der hinten gefederte R51 abgelöst, und aus der R6 wurde folgerichtig die R 61. Das Modell mit dem größten Hubraum war die R71, die von einer aktualisierten Version des seitengesteuerten Motors mit 745 ccm (78 × 78 mm) angetrieben wurde. Es sollte die letzte seitengesteuerte Maschine der Bayern werden. Ihre Produktion lief 1941 aus.

Das Berliner Neuheiten-Quintett wurde durch die R23 mit einem Hubraum von 247 ccm (68 × 68 mm) vervollständigt. Der Einzylinder war das erste Viertelliter-Modell aus München, seit Einstellung der R39 im Jahre 1926. 10 PS bei 5400 Umdrehungen standen zur Verfügung. Die R23 hatte einen Rohrrahmen und eine leichtere Teleskopgabel ohne hydraulische Dämpfung.

Im Rennsport machte BMW da weiter, wo man 1936 mit dem Erfolg von Ley und Gall beim schwedischen Grand Prix aufgehört hatte. Gall siegte bei der holländischen TT in der Halbliter-Klasse mit einem Schnitt von 148 km/h, fuhr mit 152 km/h auch die schnellste Runde und ließ die erfolgsverwöhnten Nortons von Jimmy Guthrie und Harold Daniell hinter sich. Beim Grand Prix von Europa in der Schweiz drehten die Briten das Blatt um, und Guthrie siegte vor sei-

nem Teamgefährten Freddie Frith. Guthrie holte sich auch den belgischen Grand Prix, kam aber beim Grand Prix von Deutschland auf dem Sachsenring bei einem Unfall in der letzten Runde ums Leben, und Gall fuhr auf den ersten Platz. Otto Ley war in Schweden vorne und Jock West gewann in Ulster, so daß BMW auf eine Bilanz von vier Siegen in sieben Grand-Prix-Rennen vorweisen konnte.

Das erste Rennen der Saison 1938 war die Tourist Trophy auf der Isle of Man. BMW trat mit drei Maschinen an, die von Gall, dem aufstrebenden Talent Georg Meier und dem Briten Jock West (im Jahr zuvor Sechster in der Halbliter-Klasse) gelenkt wurden. Doch der Ausflug in die Irische See stand unter keinem guten Stern. Gall fiel nach einem Trainingsunfall aus, und bei Meiers Maschine verabschiedete sich ein Gewinde, als die Trainingszündkerzen gegen Rennkerzen ausgetauscht wurden.

Noch einmal Meier auf dem Kurs der Tourist Trophy.

West erreichte abgeschlagen hinter dem Sieger Harold Daniell auf einer Norton (mit einer – allerdings ungedämpften Teleskopgabel) das Ziel. Dessen Rundenrekord von 145 km/h sollte für die nächsten zwölf Jahre bestehen bleiben. Beim belgischen Grand Prix siegte Meier mit einem Durchschnitt von 144 km/h vor Freddie Frith, der aber mit einem Schnitt von 155 km/h die schnellste Runde fuhr. Den dritten Platz belegte BMW-Werksfahrer West.

Norton siegte beim Schweizer Grand Prix in Genf. Daniell lag am Ende vor Frith. Die Briten ließen jedoch die holländische TT ausfallen, weil sie sich auf dem Kurs mit langen Geraden und langsamen Kurven keine Chancen ausrechneten. Meier siegte, aber erst nachdem der in Führung liegende Italiener Dorino Serafini mit seiner Vierzylinder-Gilera von der Strecke abgekommen war. Meier gewann auch den deutschen Grand Prix vor den Norton-Piloten Daniell und Frith.

Für das Rennen in Ulster hatte Joe Craig noch einige zusätzliche PS in den Werks-Nortons mobilisiert. Frith fuhr dann auch mit einem Schnitt von 158 km/h die schnellste Runde und baute während des Rennens seinen Vorsprung ständig aus, bis er von der Strecke abkam

John Surtees auf dem 1939 bei der Tourist Trophy erfolgreichen Motorrad beim Brands Hatch Superprix im Jahre 1989.

und Daniell die Führung übernahm. Der mußte aber wegen eines Lagerschadens aufgeben, und West auf seiner BMW erbte den Sieg.

Norton zog sich danach aus dem Renngeschehen zurück, um militärische Aufträge zu erfüllen. Die Kriegsgefahr wurde immer deutlicher. BMW und Gilera waren nun in der Halbliter-Klasse unter sich. Meier gewann 1939 die Tourist Trophy mit einem Schnitt von 143 km/h. Das Team war trotz des Todes von Gall bei einem Trainingsunfall an den Start gegangen.

Auch in jenen Tagen wurden die Motorräder bei den Rennen gewogen. Die BMW von Meier war mit 302 Pfund die leichteste TT-Maschine, während es die Norton von Frith (eine 38er Werksmaschine, mit der er den zweiten Platz belegte) auf 326 Pfund brachte. Die aufgeladene AJS von Walter Rusk wog 404 Pfund. Meier siegte danach bei der holländischen TT und im belgischen Grand Prix, wo er eine Runde mit einem Schnitt von 161 km/h fuhr und als erster Pilot die 160-km/h-Grenze übertraf. Im schwedischen Grand Prix gelang ihm das Kunststück noch einmal, verunglückte aber danach, und Serafini auf seiner Gilera holte den Sieg. Der verletzte Meier mußte dann tatenlos zusehen, wie Serafini in Deutschland und Ulster siegte.

Und wie schnell war nun die aufgeladene BMW-Zweizylinder 1939? Jock West schätzte ihre Leistung auf 68 PS, was eine Höchstgeschwindigkeit von gut 220 km/h mit TT-Übersetzung ergab. Mit ihr endete eine Ära.

Georg Meier und Frau sowie Walter Zeller, das siegreiche Motorrad und andere ehemalige Piloten ehren Karl Gall in Ballaugh, wo er 1939 beim Training für die Tourist Trophy tödlich verunglückte.

Der Wiederaufbau

Als im September 1939 der Zweite Weltkrieg ausbrach, hatte BMW insgesamt 160 000 Motorräder produziert – von der R20 mit 192 ccm bis zur mächtigen 745-ccm-Zweizylindermaschine. Allen gemeinsam war die Bauweise mit einer längsliegenden Kurbelwelle, Autokupplung und Kardanantrieb.

Für die Wehrmacht gab es die R35-Einzylindermaschine mit 342 ccm und eine militärische Version der R12 mit einem seitengesteuerten Zweizylinder und 745 ccm. Mehr als 30 000 Exemplare wurden vor und während des Krieges produziert. Beide Modelle hatten den Rahmen aus gepreßtem Stahl und Teleskopgabeln.

Die berühmteste Wehrmachtsmaschine aber war die R75. Das Gespann wog vollgetankt mit Maschinengewehr und drei Mann Besatzung fast eine Tonne. Die Wehrmacht hatte ein überall einsetzbares Gefährt verlangt und ihr Lastenheft bereits 1938 bei allen Herstellern verteilt.

BMW baute 1939 einen Prototypen der R75 und begann 1941 mit der Produktion. Der Seitenwagen war fest mit dem Motorrad verbunden und konnte nicht abgenommen werden. Angetrieben wurde die R75 von einer gezähmten Version des ohv-Motors mit 745 ccm (78 × 78 mm). Die Leistung wurde mit 26 PS bei 4000 Umdrehungen angegeben. Das fußgeschaltete Vierganggetriebe war mit einem Vorgelege ausgerüstet, so daß acht Vorwärts- und zwei Rückwärtsgänge zur Verfügung standen. Das Rad des Beiwagens war ebenfalls angetrieben, so daß die R75 eigentlich ein dreirädriges Geländefahrzeug war. Für schlechte Wegstrecken stand eine Differentialsperre zur Verfügung. Die 16-Zoll-Räder hatten eine breite Bereifung und die Bremsen einen Durchmesser von 25 Zentimetern. Sie wurden hydraulisch betätigt. Der Koloß erreichte eine Höchstgeschwindigkeit von knapp 100 km/h. Ungefähr 18 000 Exemplare wurden produziert, bis das Modell vom Volkswagen Kübel abgelöst wurde.

1942 wurde die Motorrad-Produktion nach Eisenach verlegt. Die dortige Fabrik war von BMW in den späten zwanziger Jahren erworben worden, um den Dixi zu produzieren. Sowohl Eisenach als auch die Produktionsanlagen in München, wo Flugmotoren für die Focke-

Eine ehemalige Wüsten-R75 – komplett, mit Ausnahme des Maschinengewehrs.

Die Sowjets übernahmen das Design der R75 und produzierten sie nach dem Krieg als Ural, Cossack oder Dnjepr.

Wulf 190 und die JU 52 gebaut wurden, litten unter Bombenangriffen. Vor allem München wurde hart getroffen. Am 11. April 1945 befahl Hitler, alle noch vorhandenen Produktionsanlagen zu zerstören, damit sie nicht in die Hände der Alliierten fielen.

Die beiden Vorstandsmitglieder Kurt Donath und Arthur Scholl (der Österreicher Franz-Josef Popp, der BMW von 1917 an geleitet hatte, war 1942 pensioniert worden) ignorierten den Befehl aus Berlin und machten sich statt dessen daran, zu retten, was noch zu retten war. Das war nicht viel, und ihre selbstgestellte Aufgabe wurde nicht dadurch erleichtert, daß Eisenach in der sowjetisch besetzten Zone lag, und in München die Amerikaner alles Brauchbare abschleppten.

Es war wie 1919. Wie damals stellte BMW alle nur denkbaren Produkte her – Töpfe, Pfannen, Bäckereibedarf, landwirtschaftliche Maschinen, um den Wiederaufbau Deutschlands voranzutreiben und die Angestellten zu beschäftigen. Die Produktion von Motorrädern war verboten worden. Auch ohne das Verbot wäre BMW gar nicht in der Lage gewesen, deren Produktion wieder aufzunehmen, weil die ehemalige Produktionsstätte unerreichbar hinter dem Eisernen Vorhang lag und zudem alle Konstruktionszeichnungen und -unterlagen verbrannt waren.

Als die Alliierten schließlich einlenkten, wurden Vorkriegsmodelle demontiert und erst einmal neue Zeichnungen angefertigt. Das erste „neue Modell" wurde im Dezember 1948 hergesetllt. Es war die R24 mit einem 247 ccm großen Einzylindermotor, der von der alten R23 abgeleitet worden war, aber nun statt 10 PS deren 12 bei 5600 Umdrehungen leistete. Fast 10 000 Exemplare wurden zwischen 1949 und 1959 produziert, bis das Modell von der R25 mit der Hinterradfederung der Vorkriegs-Boxer abgelöst wurde.

Es dauerte noch einige Zeit, bis die Boxer-Modelle wieder produziert werden konnten. Als erste kam die R51/2, eine überarbeitete Variante der bereits 1938 vorgestellten Maschine auf den Markt. Der Motor hatte einen Hubraum von 494 ccm (68 × 68 mm) und war in einem Rahmen mit hinterer Geradwegfederung und Teleskopgabel montiert. 1950 rollte das Modell auf den Markt. Ein Jahr später folgte dann das erste neue Boxer-Motorrad nach dem Krieg. Die R67 war als Gespann-Motorrad entwickelt worden, hatte einen Hubraum von 594 ccm (72 × 73 mm) und leistete 26 PS bei 5500 Umdrehungen. Die Bremsen waren verstärkt worden, um das Gefährt sicher verzögern zu können.

Das 494-ccm-Modell wurde weiter verfeinert und als R51/3 mit verbessertem Motor im Februar 1951 in Amsterdam vorgestellt. Die Antriebseinheit war gründlich aufgeräumt worden. Magnet und Lichtmaschine verschwanden unter einer Abdeckung. Auch die Ventilsteuerung und das Kipphebelgehäuse waren verbessert worden.

In jenem Jahr wurde in Frankfurt das lang erwartete Spitzenmodell vorgestellt. Die R68 wurde von einem modifizierten Motor mit 594 ccm (72 × 73 mm) angetrieben, der 35 PS bei 7000 Umdrehungen leistete und zum ersten Mal ein BMW-Serienmodell auf mehr als 160 km/h beschleunigte. Die Verdichtung war von 5,6:1 auf 7,5:1 angehoben worden. Die Ventile waren größer, und die Gemischaufbereitung übernahmen zwei Bing-Vergaser (26 statt 22 mm).

Deutschland war wieder in den internationalen Motorsport zurückgekehrt, das deutsche Wirtschaftswunder hatte begonnen und bescherte den Motorradfabriken Rekord-Absatzzahlen, was nicht zuletzt an der wiedererwachten Reiselust der Menschen lag.

Die R51 mit 500 ccm und Teleskopgabel aus dem Jahre 1952 mit modernen, heute vorgeschriebenen Blinkern.

R 25/3 TOURING MODEL 250 c. c., 13 H. P. with B M W sidecar "Standard"

Innovations on BMW single cylinder motorcycles: Increased engine power; extended exhaust system for regularly cool air duct; intense silencing of noise produced by gears, aspiration and exhaust systems; improved and especially smooth-acting clutch; telescope fork with hydraulic shock absorption; more active springing; highly polished 18" light metal rims; enlarged light metal full width brakes; saddle tank with toolbox to be locked laterally; stoplight.

Sidecar oscillating axle and boat with soft rubber suspension; connection by four ball points; transportation of 3 persons admissible.

TOURING MODEL 250 c. c. – 13 H. P. **R 25/3**

R 51/3 TOURING-SPORTS MODEL

500 c. c. – 24 H. P.

R 67/2 TOURING-SPORTS MODEL 600 c. c., 28 H. P. with B M W oscillating axle sidecar "Spezial"

Innovations on all BMW twin cylinder models: Intense absorption of noise caused by gears, aspiration and exhaust systems; improved and especially smooth acting clutch; highly polished light metal rims, enlarged light metal full width brakes; stoplight; Sidecar oscillating axle and boat with soft rubber suspension; additional telescope shock absorber can be fitted; essentially improved riding capacities of combination by hydraulic oil brake for sidecar wheel.

SPORTS MODEL 600 c. c. – 35 H. P. **R 68**

Now also with sidecar connection by four ball points.

Links:
Die komplette BMW-Modellpalette des Jahres 1953.

Rechts:
Die Einzylinder R25/2, Baujahr 1953.

Eine für den amerikanischen Markt gebaute R25 mit rotem Benzintank.

Dieses R51/3-Gespann zieht überall bewundernde Blicke auf sich.

20
20

Nachkriegsrennen

Schon bald nach Kriegsende wurden in Deutschland wieder Rennen veranstaltet. Viele der Rennmaschinen hatten irgendwie den Krieg überdauert, und auch eine große Zahl von Rennfahrern lebte noch. Dazu gehörte auch Georg Meier, der sich spannende Duelle mit der aufgeladenen NSU lieferte, die kurz vor Kriegsausbruch entwickelt worden war. Zu jener Zeit durften die deutschen Rennfahrer nur an Rennen im eigenen Land teilnehmen. Von den seit 1949 von der Fédération Internationale Motocycliste (FIM) veranstalteten Weltmeisterschafsläufen waren sie ausgeschlossen.

Das änderte sich 1951, als der deutsche Verband in die FIM aufgenommen wurde. Freilich brachte das große Probleme für die beteiligten Werke mit sich. Denn der internationale Verband hatte den Einsatz von aufgeladenen Motorrädern verboten, und daher trat BMW zunächst mit Vorkriegsmodellen gegen die internationale Konkurrenz an. Mit einer zehn Jahre alten, ihres Kompressors beraubten Maschine erreichte der mittlerweile 41jährige Meier beim deutschen Grand Prix auf der Solitude-Rennstrecke in Stuttgart einen beachtlichen fünften Platz hinter den modernen Norton-Maschinen, die von Geoff Duke, Ken Kavanagh, Jack Brett und Johnny Lockett gelenkt wurden.

Ein junger Fahrer belegte auf der zweiten BMW-Werksmaschine den sechsten Platz. Sein Name war Walter Zeller. Obwohl Meier noch bis 1953 Rennen fuhr, übernahm Zeller bald seine Rolle als Nummer Eins bei BMW für internationale Rennen. 1952 war das Lehrjahr der Bayern. Zeller und Hans Baltisberger nahmen ohne nennenswerte Erfolge an einigen internationalen Rennen teil, während Meier bei nationalen Veranstaltungen seine Klasse demonstrierte.

Auf dem ultraschnellen Grenzlandring bei Mönchengladbach siegte Zeller mit einem Durchschnitt von 188 km/h. Meier holte sich den Rundenrekord mit einem Schnitt von 198 km/h. Auf dem Schottenring fuhr Meier wieder die schnellste Runde und siegte vor Zeller und Ray Amm auf seiner Norton. Beim Stadtparkrennen in Hamburg belegten die BMW-Fahrer Meier, Zeller und Baltisberger die ersten drei Plätze. 1953 unterschied sich nur wenig von der vorangegangenen Saison, und nachdem Meier deutscher Meister in der Halbliter-Klasse geworden war, trat er mit 43 Jahren vom Rennsport zurück. Das britische Fachblatt Motor Cycling schrieb über die Saison: „BMW hat sich nicht als gefährliche Kraft erwiesen ... aber vielleicht hat das Werk ein Lehrjahr eingelegt, denn kein Team nahm regelmäßig an Rennen teil und die Entwicklungsarbeit stand ständig im Vordergrund."

Oben:
Werksfahrer Walter Zeller mit seiner Rennsport bei der Tourist Trophy 1956, die er als Vierter beendete. Am Ende der Saison war er Vizeweltmeister und erreichte damit für BMW die beste WM-Plazierung in einer Soloklasse.

Vorangegangene Seite:
Geoff Duke fuhr 1958 für BMW und belegte in der WM-Wertung einen vierten Platz.

Das Ergebnis der Lernphase wurde 1954 offensichtlich, als BMW eine Serie von 25 Rennsport-Maschinen auflegte. Das Werk hatte bereits zu Vorkriegszeiten kleine Auflagen von Sport-Motorrädern für Rennen gebaut, doch die getunten Stoßstangenmotoren waren eher sportliche Versionen der Serienmodelle als echte Rennmaschinen. Zuerst kam 1937 die R5SS, gefolgt von der R51SS mit Hinterradfederung (1938) und der R41RS (1939). Die letzte Version war ein ernsthafter Konkurrent für die Manx Norton, leistete 36 PS und erreichte ein Spitzentempo von 184 km/h. Seltsamerweise hatten diese Modelle trotz der erfolgreichen Werksmaschinen keine Aufladung.

Wie bei den Vorkriegs-Modellen wurde auch die neue „Rennsport" nur an ausgewählte Piloten verkauft. Doch im Gegensatz zu jenen Maschinen war die Rennsport ein echter Nachbau der Werksmaschinen. Der kompakte Motor mit 492 ccm (66 × 72 mm) hatte als Gemischaufbereitung zwei 30mm-Fisher-Amal-Vergaser. Zur Überraschung aller hatte die Rennsport nur ein Vierganggetriebe, das je-

doch von Piloten, die wettbewerbsfähig sein wollten, in ein Fünfganggetriebe umgebaut wurde. Die Leistung lag bei 55 PS bei 8000 Umdrehungen. Allerdings gestattete der Motor auch kurze Ausflüge bis auf 9000 Umdrehungen.

Die Rennsport war nicht leicht zu fahren. Wegen der herausragenden Zylinder mußte der Motor ziemlich weit oben im Rahmen montiert werden, um große Schräglagen zu ermöglichen, was den Schwerpunkt nach oben wandern ließ. Die Stirnfläche war natürlich auch größer als bei Einzylinder-Modellen. Ein weiterer Schwachpunkt waren die Reaktionsmomente, die die längs angeordnete Kurbelwelle verursachte. Beim abrupten Beschleunigen oder Gaswegnehmen brachten sie die Maschine mitunter zum Kippen, was eine sehr aufmerksame Fahrweise verlangte.

Der Rahmen war auch keine große Hilfe, mit der theoretisch überlegenen, aber ungetesteten Earles-Federgabel und der orthodoxen hinteren Schwinge. Die Kardanwelle lag auf der rechten Seite. Doch der hervorragende Antrieb glich die Schwächen mehr als aus. In den

Die Doppel-Weltmeister in der Seitenwagen-Klasse, Willy Schneider und Hans Strauss, 1958 auf dem Weg zum Titelgewinn. Die BMW-Rennsport-Gespanne holten insgesamt 19 Weltmeistertitel.

121

Walter Zellers Halbliter-Werksmaschine aus dem Jahr 1954.

Zeller (zweiter von links) wartet auf das Startsignal.

richtigen Händen (wie zum Beispiel Gerold Klinger aus Österreich, den beiden Deutschen Hans Riedelbauch und Ernst Hiller oder Dickie Dale aus Großbritannien und dem Australier Jack Forrest) dominierte die Rennsport die Halbliter-Klasse der weniger wichtigen Rennen in Europa.

Zu dieser Zeit hatten die meisten Rennsport-Besitzer schon aufgegeben und die Maschine mit Profit an Gespannfahrer verkauft. Als Solomaschine mag die Rennsport sehr schwer zu beherrschen gewesen sein – für Gespanne war sie geradezu ideal. Die werksunterstützten Fahrer hatten das schon demonstriert. Willi Noll und „Schmiermaxe" Fritz Cron schlugen 1954 das Norton-Duo Eric Oliver/Les Nutt sowie Cyril Smith/Stan Dibben im Kampf um die Seitenwagen-Weltmeisterschaft.

Willi Faust und Karl Remmert holten den Titel 1955 und schufen damit die Grundlage für die BMW-Dominanz in dieser Klasse, die noch 20 Jahre lang anhalten sollte. In der Solo-Klasse sah es weniger günstig aus. Walter Zeller war der einzige Werksfahrer und fuhr 1954 und 1955 hauptsächlich nationale Rennen. Zellers zweiter Platz beim Grand Prix von Deutschland 1955 hinter der Gilera von Geoff Duke ermutigte das Werk, Zeller für die Weltmeisterschaft 1956 zu melden. Bohrung und Hub des Motors waren geändert worden – zunächst von 66 × 72 mm auf 68 × 68 mm (was das Drehzahlband bis auf 9500 Umdrehungen ausdehnte und die Leistung auf 60 PS anwachsen ließ) und später auf 70 × 64, was 10 000 Umdrehungen und 65 PS möglich machte.

Der reiche junge Bayer begann die Saison mit einem vierten Platz bei der Tourist Trophy auf der Isle of Man, was unter anderem an der Entscheidung lag, wegen des starken Windes ohne Stromlinienverkleidung zu fahren. Bei der holländischen TT wurde er Zweiter hinter John Surtees auf MV Agusta. Am darauffolgenden Wochenende belegte Zeller beim belgischen Grand Prix wieder den zweiten Platz und holte nach enttäuschenden Ergebnissen in Deutschland und Irland einen sechsten Platz beim abschließenden italienischen Grand Prix. In der Endabrechnung wurde Zeller hinter John Surtees (MV Agusta) Vize-Weltmeister.

Zeller und BMW versuchten es 1957 noch einmal, doch in jenem Jahr kehrte Gilera mit aller Macht zurück, und am Ende standen auf der Erfolgsliste zwei dritte Plätze beim deutschen Grand Prix und der holländischen TT.

Der Motorradmarkt steckte in einer Krise und zwang BMW, sich aus der Rennszene zurückzuziehen. Zeller selbst glaubte, keine Chance gegen die italienischen Maschinen zu haben, wurde zudem an seine Verantwortung dem väterlichen Stahlbetrieb gegenüber erinnert und zog sich ebenfalls zurück.

Vielleicht hat er sich ein Jahr zu früh zurückgezogen. Denn nach BMW traten auch Gilera, Moto Guzzi und Mondial auf die Rennbremse. Damit war nur noch MV Agusta mit ihren hochmodernen dohc-Reihen-Vierzylindern zu schlagen.

Viele ehemalige Werksfahrer suchten nach neuen Maschinen, und Geoff Duke erwarb schließlich Zellers Motorrad, stieß es aber vor Ende der Saison 1958 zugunsten einer Norton wieder ab. Dickie Dale mit einer besser vorbereiteten Rennsport war erfolgreicher. Dank regelmäßiger Plazierungen erreichte er den dritten Platz in der Weltmeisterschaftswertung.

Je härter der Wettbewerb wurde, desto mehr zogen sich BMW-Piloten zurück und überließen die Abteilung Ruhm und Ehre von nun an ausschließlich den Seitenwagen-Piloten.

Max Deubels unschlagbarer Gespann-Motor.

Links:
Fritz Schneidegger und John Robinson 1964 in Brands Hatch. In diesem Jahr wurden sie Vize-Weltmeister.

Oben:
Hans Luthringshauser und J. Cusnik belegten 1972 den zweiten Platz in der Weltmeisterschaft.

Oben:
Dickie Dale verunglückte während der Saison 1958 tödlich und belegte posthum den dritten Platz in der Weltmeisterschaft.

Rechts:
Noch in den achtziger Jahren auf Siegerkurs. Kurt Liebmann vor der Matchless G50 von Dave Roper 1982 in Daytona.

52
1

Der Markt

Ungerührt von den sportlichen Erfolgen, die die Schlagzeilen beherrschten, entwickelten die Techniker in München das klassische Boxer-Konzept weiter. Ein wichtiger Schritt nach vorne war 1955 die Übernahme des Rahmens aus dem Rennsport (mit einigen Abstrichen) mit Earles-Frontgabel, und, was in Sachen Komfort noch wichtiger war, der hinteren Schwinge. Zwei Modelle wurden im Januar 1955 in Brüssel vorgestellt. Eine Alltags-Halbliter mit 494 ccm (68 × 68 mm), die 25 PS bei 5800 Umdrehungen leistete, und ein neues Flaggschiff, die R69, die Ablösung der R68. Das Nachfolge-Modell behielt den 594 ccm großen Motor, der 35 PS leistete und die Maschine auf mehr als 160 km/h beschleunigte.

Die beiden waren Qualitäts-Motorräder, was sich auch in den Preisen ausdrückte, die weit über dem lagen, was beispielsweise britische Hersteller für ihre Modelle verlangten. Zu diesem Zeitpunkt entdeckten die Amerikaner jedoch die BMW-Motorräder. Die USA sollten in der Folgezeit der wichtigste Exportmarkt werden.

Beide Modelle hatten 18- statt der bisherigen 16-Zoll-Räder, doppelte Frontbremsen und gegen Aufpreis eine Sitzbank. Serienmäßig gab es den inzwischen berühmten gefederten Sattel. Die Sport-R69 hatte eine Sitzbank aus dem Rennsport, auf der sich der Pilot entweder lang machen oder einen Sozius mitnehmen konnte. Für Freunde des Gespannfahrens gab es eine „gezähmte“ Version der 594-ccm-Maschine. Die R60 leistete 28 PS und ersetzte die R67/3.

Zu dieser Zeit steckte die internationale Motorrad-Industrie in einer tiefen Krise. Preiswerte Kleinwagen mit Familienformat hatten die motorisierten Zweiräder in die Ecke gedrängt, und drei berühmte deutsche Hersteller – DKW, Adler und Horex – gaben 1957 auf. Bei BMW fiel die Produktion von einstmals 29 699 (1954) auf 5500 Exemplare im Jahre 1957. Die BMW-Motorrad-Produktion verdankte ihre Existenz zu jenem Zeitpunkt vor allen Dingen dem amerikanischen Markt, der zu jenen schwierigen Zeiten bis maximal 85 Prozent der Produktion aufnahm.

Auch die Automobil-Produktion bei BMW steckte in der Krise. Der V8 verkaufte sich nicht gut und auch der Kleinstwagen Isetta mit seinem 250-ccm-Motor war für die Wirtschaftswunderzeiten mittlerweile zu einfach. Zeitweise steuerte BMW dem Konkurs entgegen, und 1959 bot Mercedes die Übernahme an, die im letzten Moment verhindert werden konnte. Einige Jahre später, daran wagte damals aber niemand zu denken, beherrschten diese beiden Unternehmen den europäischen Markt für Luxus-Limousinen.

Die äußerste seltene R69, von der nur 1330 Exemplare gebaut wurden. Diese Version aus dem Jahr 1961 ist mit dem ebenso seltenen Seitenwagen 501 von Steib verbunden.

Mit einem leichten, von einem modifizierten Motorrad-Motor angetriebenen Wagen, steuerte die bayerische Marke den Aufschwung an. Der BMW 700 traf den Geschmack der Kundschaft, und endlich hatten die Münchner wieder einen Bestseller. Der Absatz von Motorrädern in den USA hatte sich weiter verbessert, und daher wurden im August 1960 vier neue Modelle auf dem Nürburgring vorgestellt.

Die R50 mit 494 ccm wurde nur wenig verändert und hieß nun R50/2. Die überarbeitete R60 (nun R60/2) leistete jetzt 30 PS. Die echten Veränderungen betrafen die Sportmodelle. Die R69 mit 594 ccm wurde durch zwei neue Modelle ersetzt. Die kleinere Maschine war die R50S mit einem hochdrehenden 494 ccm (68 × 68) großen Motor, der 35 PS bei 7650 Umdrehungen leistete. Für die Freunde eines größeren Hubraums gab es die R69S mit 594 ccm. Der Motor leistete nun statt 35 satte 42 PS bei 7000 Umdrehungen.

Um möglichst viel aus den hochdrehenden Motoren herauszuholen, hatten die beiden S-Modelle eng abgestufte Getriebe. Der Rahmen blieb unverändert. Die Modelle des Jahrgangs 1960 waren an den Blinkern am Ende der Lenkstange erkennbar. Die R69S wurde ein echter Bestseller, von dem mehr als 11 000 innerhalb von neun Jahren verkauft wurden. Die etwas schmalbrüstige R50S verschwand jedoch bereits nach zwei Jahren und 1634 verkauften Exemplaren wieder aus dem Lieferprogramm.

Auf der sportlichen Seite übernahm MLG, BMW-Händler in London, die Initiative und setzte 1958 eine R69 beim 500-Meilen-Rennen für Serienmodelle in Thruxton ein. Das Motorrad belegte den dritten Platz. Ein Jahr später siegten Peter Darvill und John Lewis auf ihrer BMW. Den größten Erfolg erzielte das Team jedoch später im Jahr, als man bei 24-Stunden-Rennen in Barcelona den ersten Platz belegte. Das Rennen führte über den berüchtigt schweren Kurs im Montjuich-Park, wo 1992 die Olympischen Sommerspiele stattfanden. Es gab wohl kaum einen Kurs, der für die großen und schweren BMW-Modelle schlechter geeignet gewesen wäre, und dennoch besiegte man die favorisierte Konkurrenz.

Mit Werksunterstützung (das Motorrad war das ideale Gerät, um Modifikationen für die R69S zu testen) kehrte MLG 1960 auf die Rennstrecken zurück und gewann sowohl in Thruxton als auch in Barcelona. Dies zeigte allen Skeptikern, daß BMW-Motorräder nicht nur als Tourer leistungsfähig waren. Eine weitere denkwürdige Leistung gelang MLG 1961, als man in Monthléry bei Paris den 24-Stunden-Rekord mit einem Durchschnitt von 175 km/h über eine Distanz von 4195 Kilometern aufstellte. Die Piloten waren Sid Mizen, Ellis Boyce, George Catlin und John Holder. Ihr Rekord sollte 16 Jahre lang halten.

Diese sportlichen Leistungen untermauerten BMW's Ruf als Produzent von erstklassiger Technik und ließ den Verkauf der Hochleistungs-Motorräder in den USA und später auch in Europa ansteigen. Dies wiederum führte zu einer Zeit der technischen Stagnation. Warum sollte man etwas ändern, wenn alle Motorräder, die man bauen konnte, schon verkauft waren. Bis Mitte der sechziger Jahre war die einzige größere Neuerung eine Gabel mit besonders langem Federweg bei den für die USA bestimmten Modelle. 1967 vorgestellt, hießen sie R50US, R60US und R69US.

Hinter den Kulissen jedoch war das Unternehmen sehr geschäftig. Zum einen war die Automobilproduktion inzwischen so erfolgreich, daß die Autobauer dringend mehr Platz benötigten und die Hallen der Motorrad-Fertigung beanspruchten. Zum anderen sahen die Boxer im Vergleich zu japanischen und auch britischen Motorrädern ziemlich altbacken aus. 1969 lud BMW daher zu einer Pressekonferenz ein, um die Pläne für die siebziger Jahre zu erläutern.

Graham Crate mit seiner R69 samt Steib-Seitenwagen.

Oben:
Im Gegensatz zum Vorgängermodell hatte die R69 neben der automatischen auch eine handbediente Zündverstellung, die vor allem bei Gespannfahrern beliebt war.

Rechts:
R69 und Steib von oben.

Gegenüberliegende Seite:
Die Isetta mit weit ausladender Fronttür durfte nicht zu nahe bei anderen Autos geparkt werden, wenn man problemlos aus- oder wieder einsteigen wollte.

ENTRY
107 DYR

Eine noch heute benutzte R60/2, die Mitte der sechziger Jahre gebaut wurde.

Diese 1965 gebaute R60/2 hat bis heute 160 000 Kilometer zurückgelegt.

BMW

Gegenüberliegnde Seite:
Hinter einer Klappe im Tank war das Werkzeug untergebracht.

Links:
Von einem so kompletten Werkzeugset konnten die Besitzer anderer Maschinen nur träumen.

Unten:
Die R69S – der Bestseller – ließ sich äußerlich nur durch die geringere Anzahl an Kühlrippen, größere Vergaser und größeren Luftfilter vom R60-Tourer unterscheiden.

Oben:
Diese R69 stammt aus dem Jahre 1963.

Rechts:
Der Tachometer der R69S rät, bei 64 km/h in den zweiten, bei 96 km/h in den dritten und bei 136 km/h in den vierten Gang zu schalten. Bei der Touringversion lagen die Schaltpunkte bei 50,75 und 107 km/h.

Die Viertelliter-Modelle fuhren sich genauso gut wie die größeren Maschinen und hatten auch vielfach deren Bauteile.

Unten:
Pip Harris, einer der besten Gespannfahrer der sechziger Jahre, nahm auch oft mit seiner serienmäßigen R69S an Rennen teil. Das Bild entstand 1963.

Oben:
Bis 1964 gab es eine ganze Reihe von verschiedenen Sitzen. Die Auswahl reichte von der Doppelsitzbank bis zu den außerordentlich teuer zu ersetzenden, dafür aber ebenso bequemen Doppelsätteln, die noch heute von Kennern bevorzugt werden.

Links:
Eine amerikanische R27 in Florida.

Rechts:
Bruce Daniels unterwegs in Silverstone mit der Maschine, die 1960 das 24-Stunden-Rennen von Barcelona gewann.

17
17

Entwicklung einer gesunden Zukunft

Das Raumproblem wurde gelöst, indem man die in Berlin reichlich sprudelnden Subventionen anzapfte und eine neue Fabrik in Spandau baute. 1969 wurde die neue Produktionsstätte offiziell eröffnet und bei dieser Gelegenheit auch gleich drei neue Motorräder vorgestellt.

Die Neulinge waren sorgfältig gestylt worden und verbanden einen aggressiven „Macho-Look“ mit fließenden Linien. Der neue Rahmen war eine fast vollständige Kopie der berühmten Norton-Konstruktion, mit einem sauberen hinteren Abschluß und der neuen Gabel. Ein neuer Tank und nach oben weisende Schalldämpfer zusammen mit einer schlankeren Doppelsitzbank schlossen die kosmetischen Maßnahmen ab. Auch die Motoren waren gründlich überarbeitet worden. Die Ingenieure hatten Lehren aus der Automobilproduktion übernommen und die neuen Boxer mit Gleitlagern für Kurbelwelle und Pleuel ausgerüstet. Die 50 Jahre lang verwendeten Rollenlager hatten ausgedient. Ebenfalls aus der Autoproduktion stammte der austauschbare Ölfilter. Die Zylinder waren nun aus Aluminium gefertigt, mit Laufbuchsen aus Guß. Um die Herstellung zu vereinfachen, teilten sich die drei Hubraumgrößen ein gemeinsames Kurbelgehäuse samt Innereien. Die Unterschiede betrafen natürlich Bohrung, Kolben, Zylinderköpfe und Vergaser.

Das äußere Erkennungszeichen der neuen Motoren war ihre Größe. Sie füllten nun den Raum zwischen Zylindern und Tank vollständig aus, was vor allem die Stilisten erfreute. In diesem neu gewonnenen Raum wurden der elektrische Starter und der Luftfilter untergebracht. Die neuen Modelle kamen als Fünfer-Serie mit drei Hubraumgrößen auf den Markt: R50/5 mit 496 ccm (67 × 70,5 mm) und 32 PS bei 6400 Umdrehungen; R60/5 mit 599 ccm (73,5 × 70,6 mm) und 40 PS bei 6400 Umdrehungen; R75/5 mit 745 ccm (82 × 70,6 mm) mit 50 PS bei 6200 Umdrehungen. Die Höchstgeschwindigkeiten lagen nach Werksangaben bei 156 km/h, 166 km/h beziehungsweise 168 km/h.

Die neuen Motorräder waren ein großer Erfolg und wurden bis 1973 unverändert gebaut. In diesem Jahr kam die Sechser-Serie auf den Markt mit einer leicht verlängerten hinteren Schwinge und, wesentlich wichtiger, einem Fünfganggetriebe. Damals produzierten einige Konkurrenten stärkere Maschinen, was BMW veranlaßte, 1974 die R90/6 mit 60 PS und die sportliche R90S mit 67 PS auf den Markt zu bringen. Beide hatten einen Hubraum von 898 ccm. Die Bohrung blieb bei 70,6 mm – dafür vergrößerte sich der Hub auf 90 mm.

Rechte Seite:
Herbert Schek mit der 1970/71 für die Six Days vorbereiteten 740-Geländemaschine.

ON HIS CAR
SHELL
291

Der legendäre Hans Fritzel auf der Werksmaschine bei den Six Days 1979 in Deutschland.

Beide Modelle hatten Fünfganggetriebe und vordere Scheibenbremsen, wobei die R90S doppelte Scheiben hatte, um der Höchstgeschwindigkeit von 192 km/h gewachsen zu sein. Die Gemischaufbereitung übernahmen 38mm-Dell'Orto-Vergaser und serienmäßig war eine kleine Verkleidung montiert. Die „gezähmte" R90/6 hatte eine niedrigere Verdichtung und kleinere Vergaser, leistete aber immerhin 60 PS. Zur gleichen Zeit verschwand die R50/6 mit 496 ccm aus dem Programm. Zum ersten Mal seit 1923 gab es keine Halbliter-Maschine mehr bei BMW. R60/6 und R75/6 bekamen nun auch vordere Scheibenbremsen, was bis dahin nur den Polizeimotorrädern vorbehalten war.

Im Herbst 1976 wurde die Siebener-Serie vorgestellt. Die beiden kleineren Modelle wurden nur kosmetisch überarbeitet, dafür wurde aber die Hubraumgröße des 898-ccm-Aggregats auf 980 ccm angehoben, indem die Bohrung von 90 auf 94 mm vergrößert wurde. So wurde die R90/6 von der R100/7 und die R90S von der R100S abge-

löst. Als Flaggschiff diente nun die R100RS mit 70 PS, die dank einer Vollverkleidung (die gab es zum ersten Mal ohne Aufpreis) eine Höchstgeschwindigkeit von 200 km/h erreichte und von Null auf 100 in weniger als fünf Sekunden beschleunigte. Die Modellreihe wurde noch durch die R80/7 mit 797 ccm (84,8 × 70,6 mm) vervollständigt. Ihr niedrig verdichteter Motor war für Länder mit schlechten Benzinqualitäten gedacht.

Diese neue Modellpalette war ein herausragender Erfolg, und 1977 produzierte die Berliner Fabrik die Rekordzahl von 31 515 Motorrädern. Aber nicht jeder Kunde verlangte nach einer 600er oder noch größeren Maschine. Die deutschen BMW-Händler forderten eine schwächer motorisierte Maschine der 27-PS-Versicherungsklasse. Um die Wünsche der Händler zu erfüllen, entwickelten die Techniker ein entsprechendes Modell, das im März 1978 vorgestellt wurde.

Der Motor basierte auf dem bereits vorhandenen Aggregat, dessen Hub von 70,6 auf 61,5 mm zurückgenommen wurde. Zusammen mit

Die neue und wesentlich leichtere R60/5 mit Trommelbremsen. Die Maschine wurde von den Six-Days-Modellen abgeleitet.

Folgende Seite:
Die R90-Tourer mit der gegen Aufpreis lieferbaren doppelten vorderen Scheibenbremse.

900cc

BMW

einer Bohrung von 70 mm ergab das eine Hubraumgröße von 473 ccm. Für den deutschen Markt wurde die Leistung auf 27 PS begrenzt – auf die Exportmärkte (es wurde nie in die USA exportiert) rollte das Modell mit 35 PS.

Der Motor wurde in ein etwas leichteres Fahrwerk eingebaut und kam zusammen mit der R65 zu den Händlern. Die hatte im Prinzip den gleichen Kurzhuber, aber mit einer Bohrung von 82 mm, was den Hubraum auf 649 ccm anhob. 45, später 50 PS bei 7250 Umdrehungen standen zur Verfügung.

Die Modelle erwiesen sich als gute Alltags-Motorräder und wurden bis zu ihrem Produktionsende sieben Jahre später fast 60 000 mal verkauft. Ende 1978 stellte BMW eine Touring-Version der R100RS vor. Die R100RT hatte eine verfeinerte Verkleidung, die dem Fahrer eine aufrechtere Sitzhaltung als bisher erlaubte. Beide Modelle hatten die neuen geschmiedeten Aluminium-Räder der R100RS.

Im gleichen Jahr wurde die R100/7 durch die R100/T abgelöst, die sich hauptsächlich in der von 60 auf 65 PS angehobenen Leistung unterschied. Die R100S erhielt die gleiche Behandlung und stand nun mit 70 PS als R100CS im Katalog. Seitdem wurden die Boxer-Twins

Unten und rechts:
Ein Bild von einem Motorrad in orange-silbern schimmernder Farbe: R90S.

ständig verbessert, freilich ohne revolutionäre Neuerungen – bis Anfang 1993 die Ära der R 1100 RS begann.

Der letzte wirklich neue Boxer nach klassischer Manier war die R80G/S, die im September 1980 vorgestellt wurde. Das Modell basierte auf den für Langstrecken-Geländewettbewerbe wie die International Six Days entwickelten Maschinen. Die R80G/S war ein Motorrad mit aggressiver Optik für schnelles Fahren auf der Straße, aber hochbeinig genug, um auch schweres Gelände zu meistern. Die Maschine hatte größere Räder, einen hochgesetzten Auspuff mit in einem Rohr zusammengefaßten Schalldämpfern und eine hintere Einarm-Schwinge.

BMW hatte sich schon lange von der traditionellen schwarzen Lakkierung mit weißen Linien verabschiedet, doch die R80G/S war die bis dahin farbigste Maschine mit weißem Tank und flammrotem Sitz. Ihre außerordentlichen Fähigkeiten bewies 1981 der Franzose Hubert

Folgende Seiten:
Helmut Dähne (hier an der Startlinie) und Hans-Otto Butenuth teilten sich diese R90S, um 1976 die Produktions-TT zu gewinnen.

45

Shell
Shell
SPORT
2
44
Shell
40
40
CHAMPION

Oben und rechts:
BMW dominierte von der Mitte bis Ende der siebziger Jahre die amerikanische Produktions-Rennszene mit der R90S. Zu den erfolgreichen Fahrern gehörten Reg Pridmore und Ron Pierce, der auf den beiden Fotos einem Sieg in Laguna Seca entgegenfährt.

Auriol, der mit einer Werksmaschine die Rallye Paris-Dakar gewann und dieses Kunststück zwei Jahre später mit einer 1000-ccm-Maschine wiederholte.

Doch die BMW-Techniker hatten zu dieser Zeit schon erkannt, daß sie etwas mehr tun mußten, als die bewährten Boxer ständig weiterzuentwickeln, sollte die Marke eine Zukunft haben. Dafür war eine völlige Neuentwicklung notwendig, die alle technischen Neuerungen beinhalten mußte, die BMW zu einem erfolgreichen Hersteller von Luxus-Automobilen gemacht hatte. 1978 begann daher die Entwicklung der K-Serie.

1977 in Laguna Seca. Die ältere R90S (rechts) und die neue R100 (links) werden für ein Rennen vorbereitet.

In Goodwood wurden 1976 die neuen Modelle für den britischen Markt vorgestellt: die R100RS, R100/7 und R75/7 (von links).

Oben und rechts:
Eine R100RT aus dem Jahre 1979 mit dem gegen Aufpreis lieferbaren Einbausatz für Zusatzscheinwerfer.

Die in begrenzter Auflage lieferbare Motorsport-Lackierung paßte zur R100RS besser als die serienmäßige silberblaue Optik.

Oben und rechts:
1980 kam die R80RT mit geschmiedeten Aluminiumrädern auf den Markt.

Weltweit war die R80RT bei Polizisten beliebt. Die Polizeimaschinen hatten noch Speichenräder.

Die höher drehende R65 gehört zu den unterbewerteten BMW-Motorrädern.

Oben:
Eine Mono-Shock 80GS

Rechts:
Die BMW-Modelle mit 750 ccm, die 1979 an den International Six Days teilnahmen, lieferten viel Technik für die R65 und die späteren Enduro-Maschinen.

485
473

Oben und rechts:
Rot steht BMW-Motorrädern, wie diese 80GS beweist, besonders gut.

Gegenüberliegende Seite:
Die GS mit 1000 ccm fühlt sich auf der Straße wohler als im Gelände.

R
100
GS

R
100
GS
BMW

Links und vorangegangene Seite: *Die große R100GS war mehr eine Paris-Dakar-Designstudie. Der Ölkühler und die rahmenfeste Verkleidung waren allzu leicht zu beschädigen.*

B384
NPC
R 80 RT

Links und oben:
Die ursprüngliche GS ähnelte nach einiger Zeit immer mehr den R80- und R100RT-Tourern.

Folgende Seite:
Martin Wimmer auf seiner Krauser mit Vierventil-Zylinderkopf vor Dennis Noyce mit seiner Ducati beim Battle-of-the-Twin-Rennen 1984 in Daytona.

SPEEDWA
5
12
314

DAYTONA
BELL
DAYTONA · USA

Unten:
Eine private Boxer mit 1000 ccm und Cantilever-Schwinge 1985 bei den 24 Stunden von Le Mans.

Rechts:
Bert Stuckert und Ward Rodgery mit ihren Boxern 1987 in Daytona.

Gegenüberliegende Seite:
Der ehemmalige TT-Sieger Hans-Otto Butenuth 1989 mit seiner BMW auf der Isle of Man.

96

BMW

Nostalgie pur: die 1992 vorgestellte R100R.

Selbst BMW-Boxer sind vor Geschmacksverirrungen ihrer Besitzer nicht geschützt.

Sieht so der Boxer des 21. Jahrhunderts aus?

BMW

Ein völlig neues Modell

Ein Rückgang bei den Verkäufen der traditionellen Boxer-Modelle in den späten siebziger Jahren bereitete den Verantwortlichen bei BMW große Sorgen. Die Situation war so dramatisch, daß am 1. Januar 1979 eine neue Unternehmensleitung eingesetzt wurde, die bereits sieben Wochen später die kleine Mannschaft, die unter Josef Fritzenwanger am neuen K-Modell arbeitete, auf 240 Mann aufstockte. Zu dieser Zeit stand das Layout des neuen Motors bereits fest: ein wassergekühlter Reihenvierzylinder mit zwei obenliegenden Nockenwellen und längs eingebauter Kurbelwelle.

Die Kraftübertragung sollte in bewährter BMW-Tradition über eine mit einem Fünfganggetriebe verbundene Trockenkupplung per Kardanwelle erfolgen. Dies war zwar zum Teil ein Bruch mit den alten Werten, machte jedoch gleich mehrfach Sinn. Zum einen war das Konzept ohne Vorbild, was in einem überfüllten Markt von Vorteil ist, und zum anderen machte es auch auf der technischen Seite Sinn. Das Motorrad hatte einen niedrigen Schwerpunkt, Zylinderkopf und Kurbelgehäsue weren leicht zugänglich und die neue Lösung paßte ideal zum Kardanantrieb.

Das Layout wurde als „Compact Drive System" (CDS) patentiert. Bis zur Vorstellung der fertigen Maschine wurden noch die letzten technischen Probleme ausgebügelt und das Design verfeinert, das, wie von der Marke gewöhnt, vor allem Langlebigkeit bieten sollte.

Vier Jahre später, im Oktober 1983, wurde die K100 in Südfrankreich der Presse vorgestellt – und die war sogleich von der neuen Maschine beeindruckt. Der Reihenvierzylinder hatte einen Hubraum von 987 ccm (67 × 70 mm) und leistete 80 PS bei 8000 Umdrehungen. Von Null auf 100 vergingen weniger als 4,5 Sekunden und die Höchstgeschwindigkeit lag bei 200 km/h.

Auf der Straße war der Vierzylinder eine Offenbarung. Der Entwurf von Martin Probst, der schon bei der Entwicklung des BMW-Formel-2-Motors eine wichtige Rolle gespielt hatte, schien endlose Kraftreserven zu haben. Wenn es überhaupt Kritik gab, dann an der Getriebe-Übersetzung.

Aber es gab keinerlei Diskussionen darüber, daß BMW sein Ziel erreicht, und ein völlig neues, leistungsstarkes, schnelles, elastisches und drehmomentstarkes Qualitäts-Motorrad entwickelt hatte. Noch vor dem Ende der Saison 1983 stand ein zweites Modell bei den Händlern – die Sportversion K100RS mit sportlicher Verkleidung und einer Höchstgeschwindigkeit von 212 km/h. Kurz darauf kam im Frühjahr

Links:
Die 1983 vorgestellte K100 mit Reihenvierzylinder und Benzineinspritzung.

Folgende Seite:
Die K100RS mit Verkleidung kam 1984.

BMW

AVON
8
PINEWAYS
CROYDON

1984 mit der K100RT die Luxusversion mit einer angenehmeren Sitzposition und Tourenverkleidung auf den Markt.

Die drei Modelle wurden vom selben Vierzylinder angetrieben und hatten den selben Rahmen mit hinterer Einarm-Schwinge sowie Brembo-Scheibenbremsen vorne und hinten. Nur die Verkleidungen und die Sitzpositionen unterschieden sich. Die drei Modelle waren ein unglaublicher Erfolg, was unter anderem auch daran lag, daß sich BMW zum ersten Mal bei der Preisgestaltung an der Konkurrenz orientierte. Trotz des schwierigen Marktes wurden in den ersten beiden Jahren 46 568 K-Modelle abgesetzt. Für BMW eine absolute Rekordzahl.

Gerüchte über eine Dreizylinder-Version hielten sich hartnäckig und wurden durch ein Erlkönig-Foto einer solchen Maschine erhärtet. Doch die Öffentlichkeit mußte bis September 1985 auf die K75 warten. Die Entwicklung der in Österreich vorgestellten Maschine hatte einige Probleme verursacht. Der Dreizylinder-Motor mußte vor allem von einer vibrationsarmen Arbeitsweise überzeugt werden. Im Prinzip stellte der neue Motor Dreiviertel der ursprünglichen K100-Einheit dar.

Hub und Bohrung blieben gleich, was einen Hubraum von 740 ccm und eine Leistung von 75 PS bei 8500 Umdrehungen ergab. Ausgleichswellen im Kurbelgehäuse sorgten für einen harmonischen Lauf, und nicht wenige Tester meinten, daß der neue Motor noch kultivierter lief als das Original. In Österreich wurde der Tourer K75C vorgestellt. Ihm folgten im Juni 1986 die sportliche K75S mit modifizierter Federung. Auf der IFMA in Köln stand die K75 als Einstiegsmodell und die kostspielige, in begrenzter Auslage produzierte K75SS mit Verkleidung und einer auffälligeren Lackierung.

Zur gleichen Zeit vervollständigte die K100LT die Modellpalette. Sie war ein Super Tourer, der vor allem auf den amerikanischen Markt zielte, und kam komplett mit hochgesetztem hinteren Sitz samt Rükkenlehne und Kassetten-Radio mit zwei Lautsprechern auf den Markt.

Eine wichtige Neuerung wurde 1987 vorgestellt. Als erstes Motorrad der Welt wurde die K100 mit ABS-Bremssystem angeboten, was Motorradfahrern wesentlich mehr Sicherheit bot.

Die K-Modelle standen nun zwar im Mittelpunkt des Interesses, doch darüber wurden die traditionellen Boxer-Maschinen nicht vergessen und „neue" Modelle vorgestellt. 1984 bekamen die drei Versionen der R80-Baureihe eine neue hintere Einarm-Schwinge, eine neue Frontgabel und Räder, die denen der K-Serie ähnelten.

Phil Lovett mit seiner serienmäßigen K100RS bei der TT für Produktionsmaschinen.

BMW

Vorangegangene Seite, oben und rechte Seite:
Die K75 mit drei Zylindern und 750 ccm wurde 1985 vorgestellt und wird von vielen Zeitgenossen der größeren Maschine vorgezogen.

Die Produktion der R45, R65 und R100 wurde eingestellt und nur noch für den deutschen Markt eine „Versicherungs-Version“ hergestellt. Dies war eine 27-PS-Variante des R80-Motors. Sie hatte kleinere Ventile und Vergaser.

Ursprünglich sollte auch die Herstellung der großen Boxer mit 980 ccm beendet werden. Doch weil es so einfach war, den R80-Motor als 980-ccm-Aggregat zu bauen, konnte die Marketingabteilung der Versuchung nicht widerstehen, eine Serie dieser großen Maschinen in begrenzter Auflage auf den Markt zu bringen. Als erstes kam 1986 die wiederbelebte R100RS, ein Jahr später die R100RT und dann 1988 schließlich die monumentale R100GS, als echtes Sportgerät mit Raid-Rallye-Potential entlang der Paris-Dakar-Maschine entwickelt. Das Fahrwerk mit Marzocchi-Gabel, überarbeiteter hinterer „Paralever“-Schwinge und einem riesigen, knapp 32 Liter fassenden Tank, war völlig neu. Zusammen mit dem drehmomentstarken, 60 PS leistenden Motor bot der Neuling Hervorragendes. Mehr als 10 000 Exemplare des Bestsellers wurden in den ersten beiden Jahren produziert.

Der Erfolg der K-Serie und die überraschend stabilen Verkaufszahlen der Boxer-Modelle veranlaßte die BMW-Verantwortlichen, der Design-Abteilung einmal völlig freie Hand zu geben und ein Motorrad mit aufregendem Styling zu entwerfen. Die Spandauer Produkte waren zwar technisch stets auf der Höhe der Zeit, hatten aber eine nicht gerade aufregende Optik. Daß es auch anders ging, bewies die IFMA 1988, als die K1 enthüllt wurde.

Eigentlich war es ein K-Modell mit einem modifizierten Vierventilmotor, der nun 100 PS leistete. Der Rahmen war ebenfalls mit einer hinteren Paralever-Schwinge modifiziert worden. Dieser Technik war eine aufregende, aber äußerst grell lackierte Stromlinien-Verkleidung angepaßt worden: knallrot mit gelben Rädern oder marineblau und gelb. Nichts konnte weiter von den traditionell schwarz lackierten Motorrädern der Vergangenheit entfernt sein.

Zunächst wurde allgemein angenommen, daß die K1 wie die 1980 gezeigte Futuro mit Turboantrieb eine reine Designübung sei. Falsch! Die K1, die dank ihrer Verkleidung knapp 240 km/h erreicht, rollte 1989 zu den Händlern und war vielleicht ein Vorbote des 21. Jahrhunderts.

AN
AU 457
BMW

Oben:
Der Journalist Mac McDiarmid mit seiner serienmäßigen K100RS bei der Tourist Trophy 1986. Er startete in der Produktionsklasse.

Rechts:
Eine K100RS mit weißer BMW-Motorsport-Lackierung.

BMW

touring
ABS

BMW

Vorangegangene Seite:
1992 wurde diese K100RS mit ABS ausgestattet.

Oben:
Die RS, zweifellos eines der besten Motorräder für alle Jahreszeiten.

Eine K100 mit Tourenverkleidung und ABS.

Für die BMW-Gemeinde war die grell lackierte K1 mit 16-Ventilmotor ein ganz gehöriger Schock. Bald nach ihrer Vorstellung wurde ihr Design etwas abgemildert.

Die ursprüngliche K1 konnte nicht mit Seitentaschen ausgerüstet worden. Aber, wo ein Wille ist, da findet sich auch ein Weg …

K1

Oben:
Eine von der K1 abgeleitete RS mit ABS und 16-Ventil-Technik.

Links:
Neben der knallroten Lackierung wurde für die K1 1991/92 auch diese Farbgebung angeboten.

Das Hossack-Wüdo K-Modell samt seiner ungewöhnlichen Gabelkonstruktion aus dem Jahre 1992.

Das Münch-Zweirad mit seinen Stützrädern wurde von einem BMW-Vierzylinder angetrieben.

Triton
POSSESSION
NRE
ACE
Super

BMW

Vorangegangene Seite:
Wozu manche Menschen doch fähig sind…

Oben:
Der neue und noch stärkere, 1992 vorgestellte LT-Tourer mit 1100 ccm.